NOTE

SUR LE

CONCOURS APPORTÉ PAR LA MARINE

POUR LA RÉPRESSION DE

L'INSURRECTION DE PARIS

(Extrait de la *Revue maritime et coloniale*.)

PARIS,

IMPRIMERIE ET LIBRAIRIE ADMINISTRATIVES DE PAUL DUPONT,
Rue Jean-Jacques-Rousseau, 44 (Hôtel des Fermes).

1871

NOTE

CONCOURS APPORTÉ PAR LA MARINE

POUR LA RÉPRESSION DE

L'INSURRECTION DE PARIS.

Les opérations contre Paris ont duré cinquante-six jours, depuis le 3 avril, où les bandes désordonnées des insurgés sont venues se briser contre l'élan et le courage de nos jeunes troupes, alors à peine organisées, jusqu'au 28 mai, où l'insurrection agonisante a été définitivement écrasée par la belle armée constituée pendant la lutte et vieillie sous le feu. Pendant ces deux mois, les moyens d'action les plus puissants ont été successivement mis en œuvre pour venir à bout de ces formidables défenses élevées contre l'étranger, et tombées le 18 mars entre les mains d'une population affolée et criminelle. La rapidité avec laquelle ces moyens ont été rassemblés, l'énergie avec laquelle ils ont été employés attestent un effort dont on n'aurait peut-être pas cru capable une nation aussi cruellement éprouvée que la nôtre. Nous rechercherons quelle a été dans cet effort la part de la marine et quels titres elle a acquis au glorieux témoignage rendu aux armées de terre et de mer par l'Assemblée nationale.

Le concours de la marine s'est exercé de trois manières distinctes : par ses troupes de débarquement, par ses canonniers servant le matériel considérable venu des ports, enfin par des navires de flottille qui, après avoir attendu longtemps l'occasion d'agir, ont pu, aux derniers jours, accompagner et soutenir la marche de l'armée dans Paris.

Nous indiquerons successivement les services rendus par chacun de ces éléments de notre organisation militaire.

Troupes de la marine.

Lors de la réunion de l'Assemblée nationale à Bordeaux, la garde en avait été confiée à la division Bruat, formée surtout de troupes de la marine et de deux régiments d'infanterie de ligne ; lorsque l'Assemblée vint siéger à Versailles, le 20 mars, la division Bruat fut appelée au même service d'honneur.

L'insurrection qui venait d'éclater à Paris rendait nécessaire une prompte concentration de troupes, et dans la pénurie d'hommes où nous avaient laissés nos récents désastres, cette concentration était difficile ; le ministre de la marine avait offert, dès le 18, de rappeler des ports les troupes de la marine qui s'y trouvaient organisées : ces offres furent acceptées. On se mit immédiatement à l'œuvre, mais il fallait improviser, car presque tous les bataillons constitués pendant la guerre étaient désorganisés par suite des congédiements, opérés à la suite de la ratification des préliminaires de paix ; néanmoins, le 25, on avait complété dans la division Bruat deux régiments d'infanterie de marine [1] et deux régiments de fusiliers-marins ; l'un de ces régiments avait été formé avec quatre bataillons de l'armée de la Loire qui, dans le 21ᵉ corps, s'étaient acquis une haute réputation de discipline et de valeur. Ceux qui étaient alors à Versailles se rappellent la bonne tenue de ces troupes et la confiance qu'inspirèrent immédiatement leur allure décidée et le bon esprit dont elles paraissaient ani-

---

[1] L'infanterie de marine, cruellement éprouvée, dès le début de la guerre, par la perte de la division Vassoigne, qui, après s'être illustrée à Beaumont et à Bazeilles, avait été engloutie dans le naufrage de Sedan, avait dû faire de très-grands efforts pour mettre sur pied les nombreux contingents qui ont participé soit à la défense de Paris, soit aux combats des armées de province. Les soldats étaient pour la plupart des recrues ; mais, bien encadrés et bien commandés, ils tinrent toujours à honneur de marcher sur les traces de leurs devanciers.

mées. L'occasion devait bientôt s'offrir à elles de justifier ces espérances.

Le 2 avril, une reconnaissance était dirigée sur Courbevoie; elle comprenait, outre des troupes de ligne, un bataillon de fusilliers-marins et un bataillon d'infanterie de marine. Arrivées à hauteur de la caserne, les têtes de colonnes furent accueillies par une fusillade assez vive; marins et soldats se précipitant en avant poussèrent, la baïonnette dans les reins, les insurgés jusqu'au pont de Neuilly. A cette première affaire, qui pouvait avoir et eut en effet sur le moral des troupes une influence décisive, on se plut à reconnaître la vigueur et la décision dont les marins firent preuve; quelques hommes et un officier d'infanterie de marine, M. Mathieu, furent mortellement frappés, ouvrant ainsi la liste, trop longue, hélas ! de ceux qui, dans cette lutte impie, devaient tomber victimes du devoir en défendant la patrie en danger. Le lendemain, les troupes de marine, électrisées par la présence de l'amiral Pothuau, prenaient encore une part brillante à l'action décisive qui refoula jusqu'au plateau de Châtillon les forces insurrectionnelles, arrêtées le matin dans leur marche sur Versailles par l'énergique défense des gendarmes postés à Meudon.

Après ces premiers engagements, la division Bruat reprit ses campements à Versailles; quelques jours plus tard, lorsque le commandement en chef eût été donné au maréchal de Mac-Mahon, elle fut désignée pour faire partie de l'armée de réserve, placée sous les ordres du général Vinoy. — Un bataillon de marins-fusiliers, sous le commandement de M. de Fitz-James, en fut cependant détaché, vers le 20 avril, et resta jusqu'au 9 mai aux avant-postes sous les ordres du général Faron.

Dans tous les combats de nuit qui amenèrent la prise du fort d'Issy, aux Moulineaux, au cimetière d'Issy, à Clamart, les marins eurent l'honneur de former les têtes des colonnes d'assaut, honneur périlleux qui fut payé de la perte de deux braves officiers [1] et de plusieurs hommes, mais où la réputation de courage et d'entrain acquise pendant la guerre étrangère par les troupes de la marine fut vaillamment soutenue. Lorsque ce bataillon revint à Versailles prendre quelques jours de repos, il fut remplacé par deux compagnies qui, jusqu'à la prise de Paris, combattirent avec le corps d'armée du général de Cissey.

---

[1] MM. Follin et Gousselin.

Cependant le dénouement de cette lutte acharnée approchait, la tranchée avait été ouverte sur le front sud-ouest de l'enceinte, les batteries de brèche allaient ouvrir le feu, et déjà les troupes se massaient pour l'assaut, lorsqu'un trait d'heureuse audace vint hâter la solution.

Le 21 mai, le capitaine de frégate Trève [1], se trouvait dans les tranchées ouvertes devant la porte de Saint-Cloud, lorsqu'un homme dévoué, M. Ducatel, piqueur des ponts et chaussées, vint prévenir cet officier supérieur que les défenseurs des bastions avoisinants, écrasés sous le feu terrible de Montretout, s'étaient momentanément retirés. Une trahison était à craindre ; le commandant Trève, s'avançant seul sous la pluie de projectiles qui balaye les abords de la porte, franchit l'enceinte sur les décombres amoncelés, et, pénétrant dans l'intérieur, s'assure que cet abandon apparent ne cache aucune embûche. Il revient alors dans la tranchée ; les troupes de garde sont prêtes à prendre possession du poste abandonné ; mais le commandant Trève, accompagné d'un officier du génie, M. le capitaine Garnier, les précède une seconde fois dans l'enceinte, et ce n'est que lorsqu'ils ont visité les poudrières, que le drapeau tricolore est arboré sur les bastions de la ville. Les insurgés tentent alors un retour offensif, mais l'avant-garde de la division Vergé, détachée aux ordres du général Douai, arrivant à l'instant, repousse leur attaque et s'établit définitivement dans le Point-du-Jour.

On sait avec quelle rapidité les troupes cantonnées tout autour de Paris furent dirigées vers l'intérieur et comment, le lendemain matin, le plan, arrêté par le maréchal Mac-Mahon depuis longtemps, était en exécution sur tous les points.

Nous extrayons d'un rapport du général Vinoy ce qui est relatif aux opérations des troupes de la marine pendant les huit jours de bataille dans Paris :

« Dans la nuit du 21, la division Bruat est entrée à la suite de la
« division Vergé, et a établi une brigade sur le viaduc d'Auteuil, se
« reliant par sa gauche aux troupes du général Douai et par sa droite
« à celles du général de Cissey, qui débouchaient dans Paris. Cette
« même nuit, pendant que la division Vergé s'emparait du Trocadéro,
« la brigade Langourian (division Bruat) a soutenu son mouvement

---

[1] Nous donnons plus loin (p. 14) le rapport de cet officier supérieur.

« en marchant par le quai de Grenelle jusqu'au Champ-de-Mars, dont
« elle s'est emparée à la pointe du jour sous une vive fusillade. Le 22,
« la division Bruat enlevait le ministère des affaires étrangères et le
« palais de l'Assemblée ; le 23, elle se maintenait dans ses positions
« et couvrait le flanc gauche du général de Cissey en occupant le mi-
« nistère de la guerre et la direction des télégraphes.

« Le 24, la division Bruat s'avançait jusqu'au Pont-Neuf, sauvant
« de l'incendie l'Institut et les Beaux-Arts, ainsi que le palais du
« Luxembourg, enlevé par un bataillon de marins. Le 25, l'armée de
« réserve était destinée à tourner par la droite le faubourg Saint-An-
« toine et les quartiers de Belleville, et, dès le matin, la division Bruat
« s'avançait par la rive gauche de la Seine, prenait possession du
« Jardin-des-Plantes et de la gare d'Orléans. — Une affaire très-vive
« avait lieu pour forcer le pont d'Austerlitz. Le défilé, défendu d'une
« manière formidable, fut attaqué sur la rive gauche par la division
« Bruat, soutenue par la brigade Deroja ; sur la rive droite, par la bri-
« gade La Mariouse, de la division Faron. Les troupes furent appuyées
« vigoureusement par l'artillerie des canonnières, réarmées par les
« marins. Vers les quatre heures du soir, la position était enlevée par
« la division Faron. Le 26, la division Bruat s'avançait par le boule-
« vard Mazas vers la place du Trône. Le 27, les troupes, harassées de
« fatigue par les veilles et les combats incessants de ces six journées,
« étaient de nouveau entraînées en avant par le succès d'un bataillon
« d'infanterie de marine [1] qui, de barricade en barricade, avait abordé
« le cimetière du Père-Lachaise et atteint la place de Puébla. Dans la
« nuit du 27 au 28, la prison de la Roquette était enlevée par la di-
« vision Bruat, qui arrachait à une mort certaine cent soixante-neuf
« otages de la Commune. Dans la matinée du 28, la mairie du XIe ar-
« rondissement tombait aux mains du général Bruat. »

Tels sont les brillants états de service de la division Bruat pendant
la période de répression de l'insurrection de Paris.

Batteries de la marine.

Lorsque les chefs criminels de l'insurrection de Paris eurent claire-
ment montré par leur audacieuse entreprise sur Versailles qu'ils en-

---

[1] Ce bataillon était sous les ordres de M. le commandant Grandclément.

tendaient arracher par la violence ce que le droit ne pouvait leur concéder, et qu'on fut obligé de reconnaître que la force seule aurait raison de leur folie, on se prépara à attaquer par l'artillerie ces forts et ces murailles qui garantissaient les insurgés de l'élan de nos braves soldats. Pendant que l'artillerie de terre s'établissait à Meudon, aux Chalets, à Clamart, à Châtillon, on armait, avec six pièces de 30 se chargeant par la culasse, la batterie de Breteuil, et on plaçait au Mont-Valérien six pièces de même modèle destinées à appuyer les batteries battant la porte Maillot; onze autres pièces étaient encore en réserve à Versailles. Les marins étaient venus des ports en même temps que le matériel qu'ils devaient servir, et eurent à mettre les pièces en position ; le capitaine de frégate Ribell dirigeait ces travaux.

En même temps que les marins, on avait appelé des artilleurs de la marine destinés d'abord à servir des canons de 16 centimètres montés sur des trucs de chemins de fer, et employés ensuite dans les batteries d'attaque.

Le 25 avril, le feu s'ouvrait sur toute la ligne. La batterie de Breteuil eut à souffrir ce jour-là d'un coup d'embrasure qui, parti d'un wagon blindé des insurgés, tua ou blessa six hommes. Depuis ce malheureux accident, elle ne fut plus éprouvée ; mais elle eut jusqu'à la fin un service des plus actifs, son champ de tir s'étendant depuis les bastions de la porte d'Auteuil jusqu'au fort d'Issy.

La journée du 25 avait montré chez les insurgés une entente plus habile qu'on ne l'aurait cru des moyens d'action laissés en leur pouvoir : pièces de marine, wagons blindés, canonnières, tout avait été utilisé pour répondre à nos feux, et, en des mains plus expérimentées, ces puissants engins eussent pu nous faire beaucoup de mal. Sentant bien que le meilleur moyen d'éviter l'effusion du sang était d'accumuler des forces écrasantes qui ne permissent plus la lutte, on rassembla en toute hâte à Versailles une artillerie formidable. Dès le 26, on demandait à Brest vingt pièces de 16 centimètres, modèle de 1860; puis, le 30, huit obusiers de 22 centimètres rayés. L'armement des batteries de Montretout venait d'être décidé ; on devait y placer :

30 pièces de 24 rayées de la Guerre,

32 pièces culasse de $16\%_m$, modèle 1860, et les 8 obusiers de $22\%_m$.

Les pièces de marine devaient être servies par les canonniers-marins et deux batteries de 24 de la Guerre, par 300 hommes d'artillerie de marine [1]. Le commandement supérieur des batteries de la marine fut confié à M. le capitaine de vaisseau Ribourt.

Tout était à créer à Montretout : tandis que les terrassiers, sous la direction du génie, travaillaient jour et nuit à la construction des épaulements, poudrières, chemins couverts, etc., et que l'artillerie faisait les revêtements, traçait les embrasures, etc., etc., les marins travaillaient par bordées à la mise en batterie des pièces ainsi qu'à amener à pied d'œuvre l'immense matériel qui les accompagnait. Des trains incessants arrivaient à Saint-Cloud et il fallait continuellement décharger les wagons qui engageaient la voie. Commencés le 30 avril, les travaux étaient terminés le 7 mai ; derrière les branches de feuillage qui avaient masqué les travailleurs, 70 pièces de canon étaient prêtes à couvrir de leur feu toute la partie de l'enceinte comprise entre la Porte-Maillot et le Point-du-Jour.

Le feu fut ouvert le lendemain 8 mai, à 10 heures du matin. Les insurgés ripostèrent quelques coups, puis abandonnèrent leurs pièces, qui devaient désormais rester muettes. Dans la nuit du 8 au 9, les troupes du général Douai, franchissant le fleuve à Sèvres et à Saint-Cloud, s'établissaient dans le bois de Boulogne et ouvraient la tranchée à 400 mètres de l'enceinte ; cette audacieuse opération n'était devenue possible que par suite du feu de Montretout, qui paralysait complétement les batteries de position des insurgés. Ceux-ci essayèrent alors de se servir de pièces mobiles qu'ils enlevaient immédiatement après avoir fait feu, mais ce tir fut tout à fait insignifiant. Les seuls obus qui parvinrent dans les batteries étaient des projectiles de 7 tirés des bastions 73 et 74, que nous n'atteignions qu'à toute volée.

Le feu fut continué avec de rares intermittences jusqu'au 21, jour de l'entrée des troupes dans Paris. La consommation journalière par pièce fut de quarante coups, soit 2,800 dans les vingt-quatre heures

---

[1] L'artillerie de marine, qui ne compte qu'un seul régiment, s'est multipliée pendant la guerre pour satisfaire au besoin pressant qu'on avait de ses services. Employée simultanément dans les batteries de siége, dans les batteries à pied et les batteries montées de l'artillerie de campagne, les artilleurs de marine ont rivalisé avec leurs frères de l'armée et ont montré en toute occasion une solidité et une aptitude professionnelle auxquelles nous sommes heureux de rendre hommage. Pendant les dernières opérations contre Paris, le régiment a fourni sept batteries employées aux diverses attaques.

pour l'ensemble des batteries, presque deux coups par minute.

L'approvisionnement par pièce, qui avait d'abord été fixé à 500 coups, fut successivement élevé à 750, puis à 1,000 coups. Les ports, ne pouvant fournir immédiatement à pareille demande, chargeaient les projectiles et les expédiaient à mesure ; le chiffre ne fut pas atteint, mais chaque jour voyait arriver à Versailles d'interminables convois de munitions tant pour l'approvisionnement des pièces de marine que pour celui des nombreuses pièces de la Guerre. Comme le principal dépôt de munitions établi dans les caves de la maison Pozzo di Borgo était encombré, on transforma le grand tunnel de Saint-Cloud en un immense magasin où les trains demeuraient chargés.

Les effets de ce feu presque continu ont été terribles. Il faut avoir vu ces portes de Saint-Cloud et d'Auteuil rasées au ras de terre et comblant les fossés de leurs débris, le mur d'enceinte éboulé en maints endroits en dehors de la protection des glacis, les bastions bouleversés, les pièces renversées, les casemates effondrées pour se faire une idée de la puissance de ce tir ; en arrière des chemins couverts, le terrain était littéralement jonché d'éclats de projectiles et comme labouré par l'explosion des obus ; les maisons à demi ruinées, les candélabres fauchés, les bordures de trottoir arrachées demeuraient les désolants témoignages de l'ouragan de fer qui s'était abattu sur ces lieux ; heureusement, et ceci soit dit à la louange de nos canonniers, la zone de dévastation était circonscrite à l'espace avoisinant le rempart et, sauf à la porte d'Auteuil, où l'on avait dû allonger le tir pour empêcher les travaux que l'on supposait devoir être faits derrière le viaduc, les coups étaient ramassés dans un rayon de 150 mètres au delà de l'enceinte. Du reste l'habileté de nos chefs de pièce eut une occasion manifeste de se signaler. Nous extrayons ce qui suit du journal de tir à la date du 14 mai.

« A 9 heures, ordre du général Douai de battre en brèche la porte « d'Auteuil (distance 3,080 mètres). A dix heures le mur et les deux « piliers du pont-levis de gauche tombent, le pont-levis de droite res- « tant suspendu à un pilier ; à midi et demi, le deuxième pont-levis « tombe. La porte est rasée. »

Les effets destructeurs à grande distance des pièces de gros calibre, effets dont les Prussiens avaient déjà usé contre nous, mais sans avoir jamais réuni sur un point une artillerie aussi puissante que celle qui battit le front ouest de l'enceinte, sont peut-être destinés à amener une révolution dans l'attaque des places de guerre, et la création en huit jours des batteries de Montretout, qui fut un des plus énergiques efforts de l'armée de Versailles, marquera certainement dans l'histoire des siéges. C'est un honneur pour la marine d'avoir pris part à un événement de cette importance.

Pendant que l'on concentrait ainsi sur un seul point une grande partie des moyens d'attaque, on augmentait également la puissance des autres batteries occupées dès le début.

Huit autres pièces de 16%ₘ furent établies au Mont-Valérien, cinq à Courbevoie. Enfin, le 17 mai, on demandait à Cherbourg dix canons de 16%ₘ (modèle 1864-66) destinés à contrebattre de Bécon les batteries insurgées de Montmartre. Trois de ces pièces furent mises en batterie et prêtes à faire feu le 23 ; mais, en ce moment, ces hauteurs que l'on croyait devoir être le dernier boulevard de l'insurrection comme elles en avaient été le berceau, tombaient presque sans coup férir sous la vigoureuse attaque de nos troupes.

Le nombre total des pièces de marine mises en batterie a été de 78, dont 70 de 16%ₘ et 8 de 22%ₘ, réparties entre les points suivants :

Batterie de Breteuil . . .	6 pièces de 16%ₘ	modèle 1860.
Montretout	42 ¹ d°	d°
Montretout	8 d°	22%ₘ
Mont-Valérien	14 d°	16%ₘ
Courbevoie	5 d°	16%ₘ
Bécon.	3 d°	16%ₘ modèle 1864-66.

Le 21, la tâche des batteries était terminée ; mais les canonniers-marins furent appelés à rendre d'autres services. Un bataillon de 570 hommes, formé avec les armements de Breteuil et de Montretout, fut envoyé le 24 au matin dans Paris, où il fut affecté à la garde du grand quartier général du maréchal Mac-Mahon, du ministère de la marine et du Louvre ; une partie de ce personnel fut distrait du bataillon pour armer les canonnières prises aux insurgés dans la matinée de ce jour.

---

¹ Au début, il n'y en avait que trente-deux ; mais le 16 mai on en ajouta dix en remplacement de vingt pièces de 24, nécessaires ailleurs ; les artilleurs de marine qui, depuis le commencement, servaient ces canons de 24, passèrent aux pièces de marine.

Enfin, on ne saurait oublier les services rendus par les deux batteries de canons de montagne du commandant Layrle. Avant que l'on n'eût décidé la construction des batteries de Montretout, on avait fait venir des ports quatre batteries de canons de 4 de montagne, avec le personnel, officiers et marins, pour les armer. En attendant le moment d'agir, ce personnel avait été détaché aux batteries de position ; mais dès le 22, deux batteries (les deux autres avaient été dans l'intervalle armées par l'artillerie de terre) allèrent rejoindre l'armée dans Paris. L'une fut attachée à la division Bruat, l'autre à la division L'Hériller.

A la Trinité, du haut des clochetons de laquelle ils balayèrent la Chaussée-d'Antin et firent évacuer les barricades destinées à la défendre ; au pont d'Austerlitz où ils servirent leurs pièces presque à découvert sous un feu terrible ; à la place de la Bastille d'où ils bombardèrent la mairie du XIe arrondissement, dernier centre de résistance de l'insurrection, les canonniers se firent remarquer par leur sang-froid et leur intrépidité et les services rendus par la justesse de leur tir furent hautement appréciés. La marine peut donc être fière du rôle qu'a joué son artillerie soit dans la préparation de l'assaut, soit durant la bataille dans Paris.

Flottille.

Dès les premiers jours des opérations contre Paris, on avait songé à faire venir quelques canonnières sur la Seine, dans le double but d'entraver la marche des insurgés, s'ils tentaient de franchir le fleuve, et de favoriser les attaques de nos troupes. Malheureusement nos meilleurs types de navires de flottille étaient restés aux mains de l'insurrection, et nous n'avions dans les ports aucun navire de ce genre immédiatement disponible. L'ordre fut expédié le 2 avril à Brest, Cherbourg et Lorient d'armer d'urgence l'*Alerte*, la *Mitrailleuse*, la *Mutine*, le *Flambant* et le *Boutefeu*, et de les diriger sur le Havre.

Malgré toute la diligence possible, les circonstances de mer et les difficultés de la navigation de la Seine occasionnaient des retards ; l'*Alerte* et la *Mitrailleuse* n'atteignirent Rueil que le 29 avril ; les autres, sous le commandement du capitaine de frégate Lacombe, n'arrivèrent que dans les premiers jours de mai. A cette époque, les insurgés refoulés sur la rive droite de la Seine, y avaient réuni de grands moyens de défense, les passages d'Asnières et de Neuilly ne pouvaient être franchis que sous leur feu ; à Asnières surtout, le cours de la Seine était complétement commandé par les batteries insurgées; on jugea que les services que pouvaient rendre les canonnières en ce moment ne valaient pas les risques qu'auraient à courir ces navires, mauvais marcheurs et par conséquent mal manœuvrants. Ordre fut donné à la flottille d'attendre à Rueil des circonstances plus favorables. Le 17 mai, une nouvelle batterie de cinq pièces de 16$_m$ ayant été établie à Courbevoie, une partie des équipages fut détachée pour l'armer. Ils ne servirent que peu de jours à ce nouveau poste ; le 23, la marche des troupes le long de la Seine pouvant être utilement appuyée par les canonnières, ordre leur fut donné de remonter à Paris. Elles appareillèrent à 4 heures du soir, mais, obligées de stopper fréquemment pour attendre que la fermeture des barrages eût suffisamment fait monter le niveau de l'eau, elles n'arrivèrent à Paris que le 25 au matin. Il eût été temps pour elles de se joindre à la flottille qui, sous le commandement du commandant Ribourt, devait ce jour-là éclairer et soutenir la marche de l'armée ; mais elles ne purent franchir le seuil du Pont-Royal ; un seul de ces navires, la *Mitrailleuse*, put prêter son concours à cette brillante opération. Nous reproduisons sur cette affaire le rapport adressé par le commandant Ribourt au maréchal de Mac-Mahon :

« A bord de la canonnière le Sabre,
« le 26 mai 1871.

« Monsieur le Maréchal,

« J'ai l'honneur de vous rendre compte des opérations de la flottille pendant ces deux dernières journées du 24 et du 25 mai.

« Le 24, à une heure, je reçus l'ordre de M. le ministre de la marine d'armer rapidement les canonnières pouvant marcher, avec les marins-canonniers des batteries de Montretout. A quatre heures, le *Sabre*[1] et la *Claymore*[2] remontaient la Seine avec une chaloupe à vapeur. L'absence de mécaniciens avait causé ce retard.

« Dans la soirée du 24, quelques coups de canon furent seulement tirés sur les barricades des quais, dont le tir inquiétait nos troupes.

---

[1] Commandé par M. Bourbonne, lieutenant de vaisseau.
[2] Commandée par M. Wyts.

« Le lendemain, les canonnières remontaient jusqu'à la barricade la plus avancée occupée par nous, afin de battre les quais des Ormes, de Saint-Paul et des Célestins, et enfiler au besoin ceux de la Cité et de l'île Saint-Louis. Peu après, précédant nos colonnes, elles recevaient à 800 mètres une fusillade très-vive sur le pont de la Tournelle. Marchant alors à toute vitesse et tirant à mitraille, les canonnières s'approchèrent jusqu'à 100 mètres du musoir sud du canal Saint-Martin, sous un feu très-violent. Elles prenaient ainsi en écharpe toute la ligne des tirailleurs qui se pressaient sur le quai et nous dominaient. Notre position était des plus favorables ; mais celle de l'ennemi étant des plus importantes, il a dû faire tous ses efforts pour la garder. La place de la Bastille étant encore en son pouvoir et toute la ligne des quais étant en feu, le seul passage laissé à nos troupes était le bord de l'eau. C'était à la flottille à frayer ce passage et à éteindre le feu d'enfilade des canons du canal Saint-Martin.

« L'action fut des plus chaudes : les coups de l'ennemi plongeaient sur les canonnières, dont les plaques de tôle étaient traversées. Si nos pertes ont été sensibles, celles de l'ennemi furent assez sérieuses pour le contraindre à abandonner à nos troupes les maisons des musoirs qu'il défendait avec une réelle vigueur, et à se retirer derrière les barricades.

« Battues longtemps par nos canons et les batteries placées sur l'autre rive, ces barricades furent enfin enlevées avec le plus grand élan par les troupes de M. le général Faron.

« La canonnière la *Mitrailleuse* [1] remontait en ce moment avec le canot à vapeur de M. le capitaine de frégate Lacombe. Par un tir précis et très-rapide, cette troisième canonnière aida puissamment à déloger les insurgés des barricades et des maisons de la rive droite. La flottille remonta ainsi, précédant nos colonnes et tirant à mitraille, jusqu'à mi-distance entre le pont de Bercy et le pont-viaduc de l'enceinte.

« Vers 8 heures du soir, nos troupes prenant leur campement au pont d'Austerlitz, les canonnières redescendaient jusqu'à la hauteur du canal Saint-Martin.

« Avant de passer sous le pont de Bercy, elles furent de nouveau accueillies par une vive fusillade. Quelques volées de mitraille dégagèrent

---

[1] Commandée par M. Dupuis.

rapidement le quai, et l'ennemi s'enfuit en abandonnant morts et blessés.

« Un seul marin du *Sabre* fut atteint.

« Pendant toute cette journée, nos équipages, qui venaient de se faire remarquer aux batteries de Montretout par la grande précision de leur tir, ont montré une fois de plus ce qu'on pouvait attendre d'eux. Leur sang-froid au feu ne s'est point démenti un moment, alors même que les pertes étaient assez sérieuses pour leur nombre réduit.

« Le *Sabre* a eu 3 marins tués et 6 blessés; la *Claymore* a perdu son second, M. l'enseigne de vaisseau Huon de Kermadec, et a eu 9 marins blessés grièvement. Sur la *Mitrailleuse*, M. le capitaine de frégate Lacombe et 3 hommes ont été frappés.

« Les insurgés avaient un poste des plus solides en arrière du musoir sud du canal : 5 pièces de 7, 7 de 4 et une mitrailleuse sont encore sur le terrain avec une grande quantité d'armes. Les maisons occupées par l'ennemi ont dû être hachées par les obus et la mitraille à cent mètres.

« Je ne saurais terminer ce rapport, Monsieur le Maréchal, sans vous dire combien les officiers et les marins placés sous mes ordres ont été heureux d'apporter avec leurs navires un peu d'aide à nos colonnes appelées à attaquer, sur un petit front, une position solide et sérieusement défendue.

« Je ne puis en ce moment citer tous les noms, mais je dois dès aujourd'hui signaler M. le capitaine de frégate Rieunier pour sa brillante attitude au feu, son sang-froid et sa rare énergie.

« Je suis avec un profond respect, etc.

Signé RIBOURT,
Capitaine de vaisseau. »

Aujourd'hui, grâce au concours de tous les dévouements, provoqué et soutenu par l'énergie des hommes placés à la direction des affaires, les jours de crise sont passés et la France va pouvoir, Dieu aidant, réparer ses forces et panser ses blessures. Les troupes de la marine sont déjà retournées dans les ports et vont y reprendre, soit dans les colonies, soit à bord des navires, leur service habituel. Elles y retrouveront les traditions de sévère discipline qui ont été leur force et, dans l'accomplissement des devoirs de leur rude profession, la pratique de cet esprit d'abnégation et de sacrifice qui les rendra toujours prêtes à répondre, si besoin était, au premier appel de la patrie.

Nous ne pouvons mieux faire en terminant que de reproduire les nobles paroles d'adieu et d'encouragement que l'amiral-ministr adressait aux troupes de la marine le jour de leur départ :

« Au moment où vous allez retourner dans vos ports pour reprendre un service que vous avez quitté depuis plusieurs mois, laissez-moi vous faire mes adieux et vous dire en peu de mots ce que je pense de vous.

« Je m'adresse à l'artillerie et à l'infanterie de marine, de même qu'aux marins.

« Appelés à assister vos braves frères de l'armée de terre, lorsqu'il a fallu défendre le sol de la patrie contre l'étranger, vous avez participé à toutes leurs fatigues, à tous leurs dangers, et votre dévouement a égalé le leur.

« Vous venez enfin de donner de nouvelles preuves de ce dévouement sans limites, de cet esprit de discipline qui vous distingue si éminemment dans l'horrible lutte qui s'est accomplie contre la criminelle insurrection de Paris.

« Vous vous êtes honorés une fois de plus et vous avez fait rejaillir par vos vertus guerrières, sur le corps auquel vous appartenez, un éclat qui ne s'effacera pas.

« Fier d'être à votre tête, je vous remercie, au nom de ce corps, de ce que vous avez su faire en toutes circonstances.

« Croyez que ma sollicitude ne vous fera pas défaut.

« Mais ce qui sera surtout votre plus belle récompense, c'est la reconnaissance de la patrie qui vous est acquise à jamais.

« Vive la France !

Signé Vice-amiral Pothuau. »

Copie du rapport de M. le capitaine de frégate Trève à M. le ministre de la marine.

Monsieur le Ministre,

J'ai l'honneur de vous rendre compte des faits qui se sont passés sous mes yeux, cette après-midi, et auxquels le hasard m'a permis de prendre quelque part.

J'étais, vers trois heures, dans les tranchées en face de la porte de Saint-Cloud ; j'y examinais les remparts, et, dans mon étonnement du silence des insurgés, la pensée me vint d'aller reconnaître à quelques mètres de distance l'état du pont-levis, qu'un coup de canon avait abattu depuis plusieurs jours. Cet examen se fit sans aucun danger, aucun coup de fusil ne fut dirigé contre moi des remparts.

Un quart d'heure plus tard, une personne, en vêtements civils, paraît au bastion de gauche et y agite un mouchoir blanc. Cette personne prononce quelques paroles que le bruit des explosions d'obus lancés par les batteries de Montretout et de Breteuil empêche de distinguer parfaitement. Néanmoins, je crois entendre : « Il n'y a personne ; venez, venez. »

Ne voyant pas d'officier à ma proximité, je saute de la tranchée, cours vers le réduit, enjambe le pont-levis dont il ne reste plus qu'une poutrelle, et rejoins la personne en question.

« Commandant, me dit M. Ducatel, piqueur des ponts et chaussées, ancien sous-officier d'infanterie de marine, ne craignez rien ; il n'y a pas de ruse. Paris est à vous ; voyez, tout est abandonné, faites entrer rapidement vos troupes. »

Je me dirigeai d'abord sur le bastion de gauche, de là sur celui de droite, visitai le groupe de maisons avoisinantes et constatai, en effet, une évacuation complète de tout l'horizon que j'avais devant moi.

Je priai, dès lors, M. Ducatel de sortir de Paris avec moi pour venir rendre compte au général en chef de tout ce qu'il avait vu et observé. J'étais accompagné du brave sergent Contant (Jules), du 3e bataillon du 91e régiment de ligne, qui avait voulu partager ma fortune.

C'est de la tranchée que, sur le conseil de M. le capitaine de génie Garnier, je m'empressai de télégraphier à MM. les généraux Douai, à Villeneuve-l'Etang, et Vergé, à Sèvres, tout ce qui venait de se passer.

Trois quarts d'heure plus tard, le feu cessait sur toute notre ligne et, offrant mon concours à M. Garnier, vu l'étude que j'ai faite des torpilles, je rentrai dans l'enceinte avec cet officier et une section du génie. J'abordai immédiatement la poudrière de droite et ne tardai pas à y découvrir la mèche et l'amas de poudre préparés pour une explosion, en cas d'assaut.

Pendant ce temps, MM. les commandants des bataillons du 91e et du 37e de ligne suivaient la même route et prenaient position en cas de retour offensif. Il était 4h 30. C'est à ce moment que je pris congé de M. Garnier et revins en toute hâte à Sèvres pour y rendre compte au général Vergé de la situation exacte. A 5 heures, j'avais l'honneur de vous rencontrer, vous dirigeant vers les remparts.

Je suis, avec le plus profond respect,

Monsieur le Ministre,

Votre très-humble et très-obéissant serviteur,

A. Trève,

Capitaine de frégate.

P. S. Je crois de mon devoir d'ajouter à ce rapide exposé de faits généraux le récit des circonstances particulières au milieu desquelles ils se sont produits. Ma rencontre avec M. Ducatel, notre examen de l'enceinte et notre rentrée dans les tranchées se sont accomplis sous la pluie d'obus que les batteries de Montretout et de Breteuil dirigeaient à cette heure sur la porte même de Saint-Cloud. Je ne saurais donc trop insister sur le remarquable sang-froid et sur le dévouement vraiment admirable dont a fait preuve M. Ducatel *en venant à nous*, et en consentant à m'accompagner malgré le péril du retour.

Paris. — Impr. Paul Dupont, rue J.-J.-Rousseau, 41 (Hôtel des Fermes). 561—9 1.

www.ingramcontent.com/pod-product-compliance
Lightning Source LLC
Chambersburg PA
CBHW050747070726
47597CB00009B/4110